IMAGINA Y VUELA CONMIGO

Pablo L. Giráldez

Círculo Rojo
EDITORIAL

A mi familia,
especialmente a mi madre.

¿QUIÉN SOY?

Es sábado y el día está muy soleado.

Hoy tengo partido de fútbol, un deporte que me encanta. Me gusta practicarlo, ir a los estadios y también verlo por la tele. En el colegio no hay ni un solo día que no juegue al fútbol.

Y me gusta ir al colegio para aprender muchas cosas y para jugar con mis amigos.

Voy a seguir contando un poco más sobre mí. Me gusta hacer inventos; cuando no tengo algo, busco la manera de inventarlo con otras cosas que sí. Me gusta construir, dibujar, me gustan los animales y la naturaleza.

¡Pero si no os he dicho mi nombre! Soy Ronald, un niño de siete años, inquieto, juguetón, muy alegre, trabajador... De estatura media, pelo castaño y delgado. Tengo una hermana mayor y vivimos en Vigo.

Algo que me fascina es viajar para conocer otras ciudades y culturas. ¿Sabéis cuándo viajo mucho? Por las noches, porque me convierto en un ser fantástico: Trellileón.

Poco a poco, iréis conociendo un poco más de esa historia; es otra familia, otra procedencia, otro país...

Trellileón es un personaje bondadoso, muy entrañable, y eso sí, algo torpe, al que se le acaba cogiendo mucho cariño. Puede viajar a velocidades más que supersónicas.

Tengo que irme, ¡voy a jugar el partido de fútbol que os había comentado!

UN POCO SOBRE EL PAÍS DE TRELLILEÓN

En este capítulo voy a contaros mi procedencia, la de Trellileón.

Mi país se llama Strácunust. Ahí me quedé hasta los doce años y después los años iban retrocediendo hasta que llegué a cero, que fue cuando nació Ronald, y mi madre humana se llama Nica. Como ya os dije, vivimos en Vigo (Pontevedra) con el resto de la familia.

Realizo viajes de noche, porque es el único momento en que puedo convertirme en Trellileón. En mi familia de Strácunust, mi padre se llama Jey y mi madre Jay.

Tenemos nuestro propio equipo de fútbol, que se llama Agalada.

También tenemos una bandera.

Tiene muy pocos habitantes y hace mucho calor. Convivimos humanos, leones y otra clase de animales.

Mi padre fue rey y alcalde hace unos cuantos años. Actualmente, el rey soy yo, Trellileón.

Tenía un primo llamado Mauro, era un caballo, pero murió en un combate entre reyes.

Y tengo una prima llamada Lola, que es una leona, y ahora vive con nosotros porque se quedó sin padres.

En Strácunust los colegios son de cartón y no se rompen, todos tratamos muy bien las cosas. Y entre nosotros somos muy cordiales, siempre pedimos las cosas por favor, damos las gracias, estamos atentos por si alguien necesita ayuda. Nos gusta mucho ser generosos.

¡Ah! Y estoy seguro de que estaréis deseando saber cómo soy, pues os voy a enseñar una foto.

No os asustéis por mi aspecto, soy muy bueno, me encanta hacer el bien y, como ya sabéis, soy muy bondadoso.

Mis alas son de quitar y poner. Se necesita una contraseña para sacarlas, que te la voy a decir, pero no se la digas a nadie; ¡es un secreto! PAABLIAP.

EN CASA DE LA ABUELA LOLITA

Era domingo y ese día lo habíamos pasado con mi abuela.

Hablamos de muchas cosas y me preguntó si alguna noche tenía pensado ir por su casa convertido en Trellileón, porque le hacía mucha ilusión.

—Abuelita, no esperemos más, esta misma noche te haré una visita, ¡te gustará! Aunque estés dormida y no puedas verme, te darás cuenta de que estuve en tu casa —dije.

—¡Me parece una idea estupenda! —dijo mi abuela Lolita.

Y así fue, a la una de la madrugada estaba en casa de mi abuela. Vive en un edificio de siete plantas, cerca de un centro comercial y con zonas verdes.

Una vez en su casa, pasé por la cocina y encima de la mesa le dejé una caja llena de productos sin gluten, ya que ella es celíaca.

Después me acerqué hasta su dormitorio y vi que estaba dormida. Mientras esperaba a ver si se despertaba, aproveché para ver y leer algunos libros de su pequeña biblioteca; tiene unos títulos muy interesantes.

También estuve en su terraza, donde tiene muchas plantas y cultiva tomates.

Como seguía dormida, ya me marché con la misión cumplida. Trellileón había estado en su casa y se daría cuenta por la caja que le dejé en la cocina.

«¡Hasta pronto, abuelita!», pensé.

El lunes volveríamos a vernos y le contaría lo que estuve haciendo en su casa.

OTRO IDIOMA

La tarde la pasé jugando con piezas de construcción, tipo TENTE, de la época de mi madre.

De todo lo que estuve construyendo, lo que más llamó mi atención fue la Torre Eiffel.

Y con esos pensamientos, ya os imagináis lo que sucedió esa noche. ¡Me fui al extranjero! A las 10 en punto ya estaba saliendo de mi casa: destino París.

Me dolió un poco la barriga cuando estaba corriendo por los Campos Elíseos, pero al ver la Torre Eiffel se me pasó. ¿Sabéis qué altura tiene?

¡Más de trescientos metros! Unas vistas espectaculares desde arriba de todo. Aunque me llevé un susto porque casi me caigo, menos mal que tengo alas y las puedo utilizar siempre que quiera.

Cerca del Museo del Louvre me encontré una estatua que tenía dos botones; si le dabas al botón verde salía agua y si le dabas al botón rojo salían chispas de fuego.

De lejos también vi Disneyland París y otros muchos lugares interesantes.

Llegaba la hora de volver a casa.

EN CASA DEL PROFE JUAN

Esta noche no me fui muy lejos, tres edificios a la derecha del mío, ese fue mi destino.

Dieron las 11 de la noche y ya estaba totalmente convertido en Trellileón.

Salí de mi casa y entré, por el balcón, en la casa del profe Juan.

Estaba completamente en silencio, todos dormían, al día siguiente había que madrugar.

En la despensa tenía todo tipo de refrescos y muchas cosas ricas.

En la habitación de Juan había una foto de él con su mujer y otra foto de sus tres hijos.

Sus dos hijos mayores dormían en literas y el pequeño en una cama individual.

Es una familia muy buena y siempre me gusta ir a visitarlos, además lo tengo fácil, porque como ya os dije, vivimos muy cerca.

A la mañana siguiente:

—¡Papá, papá! —gritaban los hijos de Juan.

—¡Pero qué pasa, hijos!

—Mira lo que había encima de la mesa del comedor: galletas, magdalenas, churros y hasta un termo con chocolate —dijeron los tres a la vez.

—Seguro que fue Trellileón, que es muy generoso y nos tiene mucho cariño —contestó su padre.

Y todos contentos se prepararon para ir al colegio.

EN LA CAPITAL

¿Sabéis cuál es la capital de España? Madrid.

Pues esa fue la ciudad que visité esta noche. En la calle Arturo Soria tropecé con una piedra, pero pude seguir adelante.

Después de un buen rato caminando, vi una estatua de Cristiano Ronaldo y, después, pasé por el Bernabéu y entré en el estadio volando. Estuve en los vestuarios y había una foto de Modrić y vi su fecha de nacimiento, que es el 9 de septiembre de 1985.

Cogí una pelota y me puse a jugar un poco al fútbol.

Como había estado investigando donde vivían algunos futbolistas, aproveché para acercarme a la casa de Ronaldo, pero no llegué a entrar, solamente lo vi a través de mi cronómetro (es mágico) y estaba durmiendo.

Al salir de su casa pasé por la Puerta de Alcalá. También estuve en la fuente de Cibeles, donde el Real Madrid celebra sus títulos. Entré en el muy interesante Museo del Prado, una colección de cuadros maravillosa.

Ya, por último, no podía irme de Madrid sin antes visitar la Catedral de la Almudena, que se encuentra en el centro histórico. Y otra vez para Vigo.

Por la mañana tenía muchísimas ganas de jugar al fútbol, ¡muchas más ganas de lo que era habitual en mí! ¿Sería por haber estado en el estadio de uno de mis equipos favoritos?

EN BARCELONA

Otra noche, hice una escapada a Barcelona.

Cuando vi la ciudad desde el aire, me quedé impresionado, forma como cuadrículas y es muy bonita.

Estuve en el Parque Güell, precioso parque del arquitecto Antoni Gaudí, y en la Sagrada Familia. Después di unas cuantas vueltas para conocer la ciudad y me cansé de tanto correr.

Hice una parada en el Camp Nou y pensé en descansar en los vestuarios, en el sitio de Messi, pero no pude.

Entonces seguí por Barcelona hasta que llegué a la casa de Philippe Coutinho. Y como no, entré en ella. Pero me asusté porque sus hijos estaban llorando y había mucho jaleo, entonces decidí marcharme y seguí más asustado porque noté que alguien me perseguía. Poco a poco me fui tranquilizando, y emprendí el camino de vuelta a casa.

ÁFRICA

Llevaba tiempo pensando en lo afortunados que somos, porque vivimos con muchas comodidades y tenemos de todo. Se me ocurrió ir a África para conocer la realidad de otros niños, que aunque no poseen tantas cosas, son igual o más felices que nosotros. Ahí va la historia.

De noche, cuando llegué al continente africano, vi a un niño que estaba despierto y él dijo:

—¡Un león! ¡Un león!

—No te asustes, soy Trellileón, soy muy bueno —le dije.

El niño se fijó en mí y me contestó «wits» porque sabía hablar en Strácunust. Entonces le dije que era Ronald y que por las noches me convertía en Trellileón.

Me presentó a su familia, vivían muchísimos en una misma «cabaña».

El niño se llamaba Jorge, me enseñó animales que vivían en aquella zona.

Yo le conté cosas de mi ciudad, Vigo, de lo que hacía cada día, del colegio... Le dejé ropa, comida y juguetes para él y sus familiares y amigos, y ya me tuve que despedir.

De regreso, hice una parada en Marruecos. Estuve tocando unos camellos que me encontré, estaban todos dormidos, bueno, todos menos uno. Aproveché que ese estaba despierto para dar un paseo en él, pero me clavaba la joroba porque no estaba preparado.

Y con esas molestias regresé a España.

ISLAS MALDIVAS

Hoy en el colegio, cada niño tenía que hablar de un tema que le gustase y mi compañero Lucas nos contó un viaje que había hecho a Maldivas. Me pareció un lugar fantástico, no me lo podía sacar de la cabeza.

¡Estaba deseando que llegase la noche!

Sobre las 10, salí supervolando destino a las islas Maldivas, ¡el paraíso me estaba esperando!

Las Maldivas están en el océano Índico y están llenas de arrecifes coralinos.

Al llegar, ya me encontré con varios tiburones y después con los delfines, el primero que vi fue el delfín rosa.

Me hice amigo de un tiburón ballena, que debía medir cerca de quince metros, me subí en él y me llevó de paseo por el océano.

Me lo pasé muy bien, fue un viaje muy interesante. Aunque viajo a velocidades supersónicas y por eso llego muy rápido a los sitios, se me hizo tarde y ya tocaba regresar a Vigo.

Llegué a casa, me acosté y al momento mi madre Nica fue a mi habitación, porque ya era la hora de levantarme.

Me notó un poco más cansado de lo habitual.

¡Qué listas son las madres! Y le expliqué mi aventura en las Maldivas.

DESCANSO

Amigos, voy a estar unos días sin viajar, porque últimamente no he parado y, como dice mi madre Nica, además de una buena alimentación, el descanso es muy importante.

Voy a contaros algo que hacemos en Strácunust.

Cuando queremos jugar a algo, por ejemplo, a la pita o al escondite, en el que alguien tiene que quedar, cantamos esta canción para saber quién queda:

«Un policía fue a la escuela y pilló a alguien, ¿quién fue el que pilló?, ¿el policía, el humano o el ladrón?».

Al que estén apuntando con el dedo en ese momento tiene que elegir uno de los tres. Se repite esa palabra y al que apunten sale, y no queda. Por ejemplo, «ladrón»: la-drón.

Muchos me preguntáis cómo hay que hacer para entrar en mi país. Tenéis que quedar conmigo para que os lleve en mi cohete. Son cohetes de madera y de muchos colores que se hicieron en el año 2003.

Cuando estamos subiendo, en un cartel pone «Atajo 24» y hay otro cartel que pone «Atajo 25».

Si vamos por el Atajo 25, nos encontraremos un tigre. A ese tigre, su madre al nacer le regaló un diamante y entre todos cuidamos al animal y al mineral. Lo hacemos porque su madre murió en el 2008 en las guerras Stracas, que coincidió con el Mundial de Strácunust.

Fernando, el tigre, se quedó muy triste y decidió hacerse amigo de un humano, y me eligió a mí, desde entonces somos los mejores amigos.

Si vais a mi país igual os come, porque no quiere a más humanos, pero entonces yo le diré: «Jafsondegif», que significa que sois amigos o familiares míos y ya no os hará daño. Y él dice que sí, que podéis pasar a ver su zona del Atajo 25.

El Atajo 24 es una zona perfecta, tiene una comida buenísima, las típicas son la pasta, la pizza y la sopa. También hay calamares y pulpo. Hay unas islas con unas playas grandísimas, con hamacas, sombrillas...

Espero que algún día podáis ir a mi país, os recibiré encantado.

VIAJE A JAPÓN

Llegué a la hora en que cenan en Japón. Como tenía mucha hambre, entré en un restaurante y, en ese mismo, estaba el portero de la selección japonesa, Shusaku.

Fui a saludarle. Aunque al principio se asustó al verme, luego estuvimos charlando un buen rato, hasta que tuvo que marcharse.

Yo también salí con él. Shusaku se fue en su coche y yo me subí en un caballo que estaba allí cerca, y seguí al portero hasta que llegamos a su casa. Volvió a asustarse al verme allí, pero enseguida se dio cuenta de que era Trellileón otra vez.

Me enseñó su lujosa casa y me invitaba a dormir, pero no pude quedarme.

Solamente pasé por la casa del futbolista Inui, dejé al caballo Manchas Negras donde lo había encontrado y otra vez a mi ciudad, Vigo.

Que Vigo está en la provincia de Pontevedra, en Galicia, España, Europa...

A REDONDELA

Llegué volando a Redondela, un pueblo cercano a Vigo. Vi los viaductos y, a lo lejos, el río Alvedosa con unos diminutos patos.

Estuve en el albergue con los peregrinos. Me contaron muchas cosas interesantes sobre las etapas que ya habían hecho del Camino de Santiago. Yo también les conté mi experiencia cuando hice el Camino hace tres años.

Entré en el Multiusos de la Junquera para ver a la Coca, que es un dragón que hay en este pueblo, que sale por las calles el Día del Corpus. Pero esa noche fuimos los dos a dar una vuelta por las calles de Redondela.

Una vez que dejé a la Coca en su sitio, me despedí de ella y me probé las cabezas de los cabezudos, que también bailan por el pueblo el Día del Corpus.

Enseguida llegué a mi casa.

VIGO, CIUDAD DE RONALD

Aproveché esta noche para dar una vuelta por el estadio del Real Club Celta de Vigo, Balaídos, el estadio de mi ciudad.

Estuve en la tienda, en la sala de trofeos y en los vestuarios. Ahora lo están reformando y está quedando muy bonito.

Y de Balaídos me fui al parque de Castrelos, que está muy cerquita. Es un parque muy grande, donde se encuentra un pazo que acoge el Museo Quiñones de León. También tiene un auditorio al aire libre y en verano se organizan unos conciertos multitudinarios. Para nosotros, los niños, también hay un gran parque infantil. Y un precioso lago con patos y cisnes, y tiene una fuente muy bonita.

De ahí me fui al monte del Castro, que también tiene parques infantiles, tiene una pista para bicicletas con semáforos, señales de tráfico, pasos de cebra y otra pista para patinetes. En lo alto se encuentra la fortaleza, con unas vistas espectaculares de la ciudad y la ría. También tiene un poblado castreño, de ahí el nombre del monte.

A continuación, fui a la zona vieja: la Concatedral de Santa María (conocida como «la Colegiata»), el Mercado de A Pedra, la Plaza de la Constitución, el Berbés..., lugares que no os debéis perder si venís a mi ciudad. Así como el puerto, la zona del Náutico, Montero Ríos... Y si tenéis tiempo, coged un barco para conocer las ¡islas Cíes!

La playa de Samil, el monte de La Guía, un montón de monumentos, unas preciosas puestas de sol..., sin olvidar sus fiestas culturales, gastronómicas... Todo eso y más es Vigo.

¡Una noche magnífica en mi ciudad!

¡Ah! Hice una escapadita a Strácunust, tenía que recoger algo importante que os contaré en el próximo capítulo.

FAMILIA: ¡SORPRESA!

Por fin, por fin pude recoger las invitaciones para que mi familia vaya a Strácunust.

¡Qué alegría más grande!

Salimos de casa y nos dirigimos al cohete, nos metimos en él y directos a mi país. El viaje se pasó rápido, cuando nos dimos cuenta ya estábamos en Strácunust.

Fueron a recibirnos mis padres Jey y Jay. Empecé con las presentaciones, primero ellos y después el resto de familiares y amigos.

Después, les enseñé las islas y todo lo maravilloso de Strácunust.

Algunos de los habitantes de Strácunust tienen tres ojos y cuatro patas.

El que manda, que soy yo, el rey Trellileón, creé un símbolo muy raro, que solo puedo utilizarlo para intentar que no haya más guerras. Nadie más puede usarlo.

Tengo dieciséis vidas y mis padres tienen ocho.

En Strácunust, la Navidad la celebramos colocando cincuenta ladrillos en torre y con forma de árbol, le ponemos luces y estrellas.

También montamos un Belén con figuras de dos metros de alto. A mi familia se lo enseñé en fotos, porque aún no es Navidad, y quedaron alucinados con el tamaño y lo bonito que queda. Viene gente de otras manadas para verlo, es muy famoso.

Y eso es todo lo que mi familia pudo ver.

¡HASTA LUEGO!

Mis queridos amigos, estoy muy agradecido porque habéis formado parte de esta historia leyendo mi libro.

Sin olvidar que lo más importante son los estudios, se puede sacar tiempo suficiente para nuestras aficiones, ya sea algún deporte, escribir, pintar, leer...

Os aprecio a todos y cada uno de vosotros, niños y adultos.

Os dejo una invitación de recuerdo y todo mi agradecimiento. ¡Hasta pronto!

INVITACIÓN PARA IR A STRÁCUNUST

Querido/a amigo/a, con esta invitación y utilizando toda tu imaginación podrás conocer este país y todos los que desees.

Trellileón

AGRADECIMIENTOS

A mi madre, por hacer visibles mis pensamientos.

Gracias a mi hermana, a mi abuela Lolita, a mi abuelo Guillermo, a Marisa González, Adrián, Nieves, María Gil, Chari González, a mi colegio y a todos mis amigos.

Gracias a todas las personas en las que me he inspirado para crear mis historias.

Y gracias a Círculo Rojo, sin vosotros esto no sería posible.

Primera edición: diciembre 2022

Depósito legal: AL 2962-2022

ISBN: 978-84-1155-522-7

Impresión y encuadernación: Editorial Círculo Rojo

© Del texto: Pablo L. Giráldez
© Maquetación y diseño: Equipo de Editorial Círculo Rojo
© Ilustraciones de interior y portada: Ana Tejedor Círculo Rojo
© Dibujos de interior: Pablo L. Giráldez

Editorial Círculo Rojo

www.editorialcirculorojo.com

info@editorialcirculorojo.com

Impreso en España - Printed in Spain

El papel utilizado para imprimir este libro es 100% libre de cloro y, por tanto, **ecológico**.